MW00508499

This book

belongs to :

How To Manifest Your Desires?!

In one session, Focus on one goal and write out a clear, short and specific statement in the present tense (like you already have it) that outlines what you desire.

Write your affirmations 5 times in a row for 5 days in a row. The 55 times must be done consecutively without stopping. Be sure to stay focused while you're writing your lines and be sure to complete all 55 lines during your daily session.

When you finish on your 5th day, release your intention and trust that it will come!!

 Believe it!

Manifestation Intention

- [ ] 1 _____
- [ ] 2 _____
- [ ] 3 _____
- [ ] 4 _____
- [ ] 5 _____
- [ ] 6 _____
- [ ] 7 _____
- [ ] 8 _____
- [ ] 9 _____
- [ ] 10 _____
- [ ] 11 _____
- [ ] 12 _____
- [ ] 13 _____
- [ ] 14 _____
- [ ] 15 _____
- [ ] 16 _____
- [ ] 17 _____
- [ ] 18 _____
- [ ] 19 _____
- [ ] 20 _____
- [ ] 21 _____
- [ ] 22 _____
- [ ] 23 _____
- [ ] 24 _____
- [ ] 25 _____

- [ ] 26
- [ ] 27
- [ ] 28
- [ ] 29
- [ ] 30
- [ ] 31
- [ ] 32
- [ ] 33
- [ ] 34
- [ ] 35
- [ ] 36
- [ ] 37
- [ ] 38
- [ ] 39
- [ ] 40
- [ ] 41
- [ ] 42
- [ ] 43
- [ ] 44
- [ ] 45
- [ ] 46
- [ ] 47
- [ ] 48
- [ ] 49
- [ ] 50
- [ ] 51
- [ ] 52
- [ ] 53
- [ ] 54
- [ ] 55

Manifestation Intention

- [ ] 1
- [ ] 2
- [ ] 3
- [ ] 4
- [ ] 5
- [ ] 6
- [ ] 7
- [ ] 8
- [ ] 9
- [ ] 10
- [ ] 11
- [ ] 12
- [ ] 13
- [ ] 14
- [ ] 15
- [ ] 16
- [ ] 17
- [ ] 18
- [ ] 19
- [ ] 20
- [ ] 21
- [ ] 22
- [ ] 23
- [ ] 24
- [ ] 25

26

27

28

29

30

31

32

33

34

35

36

37

38

39

40

41

42

43

44

45

46

47

48

49

50

51

52

53

54

55

Manifestation Intention

☐ **1** _____

☐ **2** _____

☐ **3** _____

☐ **4** _____

☐ **5** _____

☐ **6** _____

☐ **7** _____

☐ **8** _____

☐ **9** _____

☐ **10** _____

☐ **11** _____

☐ **12** _____

☐ **13** _____

☐ **14** _____

☐ **15** _____

☐ **16** _____

☐ **17** _____

☐ **18** _____

☐ **19** _____

☐ **20** _____

☐ **21** _____

☐ **22** _____

☐ **23** _____

☐ **24** _____

☐ **25** _____

- 26
- 27
- 28
- 29
- 30
- 31
- 32
- 33
- 34
- 35
- 36
- 37
- 38
- 39
- 40
- 41
- 42
- 43
- 44
- 45
- 46
- 47
- 48
- 49
- 50
- 51
- 52
- 53
- 54
- 55

Manifestation Intention

- ☐ 1 _____
- ☐ 2 _____
- ☐ 3 _____
- ☐ 4 _____
- ☐ 5 _____
- ☐ 6 _____
- ☐ 7 _____
- ☐ 8 _____
- ☐ 9 _____
- ☐ 10 _____
- ☐ 11 _____
- ☐ 12 _____
- ☐ 13 _____
- ☐ 14 _____
- ☐ 15 _____
- ☐ 16 _____
- ☐ 17 _____
- ☐ 18 _____
- ☐ 19 _____
- ☐ 20 _____
- ☐ 21 _____
- ☐ 22 _____
- ☐ 23 _____
- ☐ 24 _____
- ☐ 25 _____

- [ ] 26
- [ ] 27
- [ ] 28
- [ ] 29
- [ ] 30
- [ ] 31
- [ ] 32
- [ ] 33
- [ ] 34
- [ ] 35
- [ ] 36
- [ ] 37
- [ ] 38
- [ ] 39
- [ ] 40
- [ ] 41
- [ ] 42
- [ ] 43
- [ ] 44
- [ ] 45
- [ ] 46
- [ ] 47
- [ ] 48
- [ ] 49
- [ ] 50
- [ ] 51
- [ ] 52
- [ ] 53
- [ ] 54
- [ ] 55

Manifestation Intention

☐ 1 _____

☐ 2 _____

☐ 3 _____

☐ 4 _____

☐ 5 _____

☐ 6 _____

☐ 7 _____

☐ 8 _____

☐ 9 _____

☐ 10 _____

☐ 11 _____

☐ 12 _____

☐ 13 _____

☐ 14 _____

☐ 15 _____

☐ 16 _____

☐ 17 _____

☐ 18 _____

☐ 19 _____

☐ 20 _____

☐ 21 _____

☐ 22 _____

☐ 23 _____

☐ 24 _____

☐ 25 _____

- 26
- 27
- 28
- 29
- 30
- 31
- 32
- 33
- 34
- 35
- 36
- 37
- 38
- 39
- 40
- 41
- 42
- 43
- 44
- 45
- 46
- 47
- 48
- 49
- 50
- 51
- 52
- 53
- 54
- 55

Manifestation Intention

☐ **1** _____

☐ **2** _____

☐ **3** _____

☐ **4** _____

☐ **5** _____

☐ **6** _____

☐ **7** _____

☐ **8** _____

☐ **9** _____

☐ **10** _____

☐ **11** _____

☐ **12** _____

☐ **13** _____

☐ **14** _____

☐ **15** _____

☐ **16** _____

☐ **17** _____

☐ **18** _____

☐ **19** _____

☐ **20** _____

☐ **21** _____

☐ **22** _____

☐ **23** _____

☐ **24** _____

☐ **25** _____

- [ ] 26
- [ ] 27
- [ ] 28
- [ ] 29
- [ ] 30
- [ ] 31
- [ ] 32
- [ ] 33
- [ ] 34
- [ ] 35
- [ ] 36
- [ ] 37
- [ ] 38
- [ ] 39
- [ ] 40
- [ ] 41
- [ ] 42
- [ ] 43
- [ ] 44
- [ ] 45
- [ ] 46
- [ ] 47
- [ ] 48
- [ ] 49
- [ ] 50
- [ ] 51
- [ ] 52
- [ ] 53
- [ ] 54
- [ ] 55

========= *Manifestation Intention* =========

- [ ] **1**
- [ ] **2**
- [ ] **3**
- [ ] **4**
- [ ] **5**
- [ ] **6**
- [ ] **7**
- [ ] **8**
- [ ] **9**
- [ ] **10**
- [ ] **11**
- [ ] **12**
- [ ] **13**
- [ ] **14**
- [ ] **15**
- [ ] **16**
- [ ] **17**
- [ ] **18**
- [ ] **19**
- [ ] **20**
- [ ] **21**
- [ ] **22**
- [ ] **23**
- [ ] **24**
- [ ] **25**

- [ ] 26
- [ ] 27
- [ ] 28
- [ ] 29
- [ ] 30
- [ ] 31
- [ ] 32
- [ ] 33
- [ ] 34
- [ ] 35
- [ ] 36
- [ ] 37
- [ ] 38
- [ ] 39
- [ ] 40
- [ ] 41
- [ ] 42
- [ ] 43
- [ ] 44
- [ ] 45
- [ ] 46
- [ ] 47
- [ ] 48
- [ ] 49
- [ ] 50
- [ ] 51
- [ ] 52
- [ ] 53
- [ ] 54
- [ ] 55

Manifestation Intention

☐ **1**

☐ **2**

☐ **3**

☐ **4**

☐ **5**

☐ **6**

☐ **7**

☐ **8**

☐ **9**

☐ **10**

☐ **11**

☐ **12**

☐ **13**

☐ **14**

☐ **15**

☐ **16**

☐ **17**

☐ **18**

☐ **19**

☐ **20**

☐ **21**

☐ **22**

☐ **23**

☐ **24**

☐ **25**

- [ ] 26
- [ ] 27
- [ ] 28
- [ ] 29
- [ ] 30
- [ ] 31
- [ ] 32
- [ ] 33
- [ ] 34
- [ ] 35
- [ ] 36
- [ ] 37
- [ ] 38
- [ ] 39
- [ ] 40
- [ ] 41
- [ ] 42
- [ ] 43
- [ ] 44
- [ ] 45
- [ ] 46
- [ ] 47
- [ ] 48
- [ ] 49
- [ ] 50
- [ ] 51
- [ ] 52
- [ ] 53
- [ ] 54
- [ ] 55

Date:__/__/__   Time:__:__am/pm

Manifestation Intention

☐ **1** _____

☐ **2** _____

☐ **3** _____

☐ **4** _____

☐ **5** _____

☐ **6** _____

☐ **7** _____

☐ **8** _____

☐ **9** _____

☐ **10** _____

☐ **11** _____

☐ **12** _____

☐ **13** _____

☐ **14** _____

☐ **15** _____

☐ **16** _____

☐ **17** _____

☐ **18** _____

☐ **19** _____

☐ **20** _____

☐ **21** _____

☐ **22** _____

☐ **23** _____

☐ **24** _____

☐ **25** _____

- [ ] 26
- [ ] 27
- [ ] 28
- [ ] 29
- [ ] 30
- [ ] 31
- [ ] 32
- [ ] 33
- [ ] 34
- [ ] 35
- [ ] 36
- [ ] 37
- [ ] 38
- [ ] 39
- [ ] 40
- [ ] 41
- [ ] 42
- [ ] 43
- [ ] 44
- [ ] 45
- [ ] 46
- [ ] 47
- [ ] 48
- [ ] 49
- [ ] 50
- [ ] 51
- [ ] 52
- [ ] 53
- [ ] 54
- [ ] 55

Manifestation Intention

☐ **1** _____

☐ **2** _____

☐ **3** _____

☐ **4** _____

☐ **5** _____

☐ **6** _____

☐ **7** _____

☐ **8** _____

☐ **9** _____

☐ **10** _____

☐ **11** _____

☐ **12** _____

☐ **13** _____

☐ **14** _____

☐ **15** _____

☐ **16** _____

☐ **17** _____

☐ **18** _____

☐ **19** _____

☐ **20** _____

☐ **21** _____

☐ **22** _____

☐ **23** _____

☐ **24** _____

☐ **25** _____

☐ 26

☐ 27

☐ 28

☐ 29

☐ 30

☐ 31

☐ 32

☐ 33

☐ 34

☐ 35

☐ 36

☐ 37

☐ 38

☐ 39

☐ 40

☐ 41

☐ 42

☐ 43

☐ 44

☐ 45

☐ 46

☐ 47

☐ 48

☐ 49

☐ 50

☐ 51

☐ 52

☐ 53

☐ 54

☐ 55

Date:__/__/__   Time:__:__am/pm

Manifestation Intention

☐ 1 _____
☐ 2 _____
☐ 3 _____
☐ 4 _____
☐ 5 _____
☐ 6 _____
☐ 7 _____
☐ 8 _____
☐ 9 _____
☐ 10 _____
☐ 11 _____
☐ 12 _____
☐ 13 _____
☐ 14 _____
☐ 15 _____
☐ 16 _____
☐ 17 _____
☐ 18 _____
☐ 19 _____
☐ 20 _____
☐ 21 _____
☐ 22 _____
☐ 23 _____
☐ 24 _____
☐ 25 _____

- [ ] 26
- [ ] 27
- [ ] 28
- [ ] 29
- [ ] 30
- [ ] 31
- [ ] 32
- [ ] 33
- [ ] 34
- [ ] 35
- [ ] 36
- [ ] 37
- [ ] 38
- [ ] 39
- [ ] 40
- [ ] 41
- [ ] 42
- [ ] 43
- [ ] 44
- [ ] 45
- [ ] 46
- [ ] 47
- [ ] 48
- [ ] 49
- [ ] 50
- [ ] 51
- [ ] 52
- [ ] 53
- [ ] 54
- [ ] 55

Manifestation Intention

☐ 1
☐ 2
☐ 3
☐ 4
☐ 5
☐ 6
☐ 7
☐ 8
☐ 9
☐ 10
☐ 11
☐ 12
☐ 13
☐ 14
☐ 15
☐ 16
☐ 17
☐ 18
☐ 19
☐ 20
☐ 21
☐ 22
☐ 23
☐ 24
☐ 25

- [ ] 26
- [ ] 27
- [ ] 28
- [ ] 29
- [ ] 30
- [ ] 31
- [ ] 32
- [ ] 33
- [ ] 34
- [ ] 35
- [ ] 36
- [ ] 37
- [ ] 38
- [ ] 39
- [ ] 40
- [ ] 41
- [ ] 42
- [ ] 43
- [ ] 44
- [ ] 45
- [ ] 46
- [ ] 47
- [ ] 48
- [ ] 49
- [ ] 50
- [ ] 51
- [ ] 52
- [ ] 53
- [ ] 54
- [ ] 55

Manifestation Intention

- 1
- 2
- 3
- 4
- 5
- 6
- 7
- 8
- 9
- 10
- 11
- 12
- 13
- 14
- 15
- 16
- 17
- 18
- 19
- 20
- 21
- 22
- 23
- 24
- 25

26
27
28
29
30
31
32
33
34
35
36
37
38
39
40
41
42
43
44
45
46
47
48
49
50
51
52
53
54
55

Manifestation Intention

☐ **1**

☐ **2**

☐ **3**

☐ **4**

☐ **5**

☐ **6**

☐ **7**

☐ **8**

☐ **9**

☐ **10**

☐ **11**

☐ **12**

☐ **13**

☐ **14**

☐ **15**

☐ **16**

☐ **17**

☐ **18**

☐ **19**

☐ **20**

☐ **21**

☐ **22**

☐ **23**

☐ **24**

☐ **25**

- [ ] 26
- [ ] 27
- [ ] 28
- [ ] 29
- [ ] 30
- [ ] 31
- [ ] 32
- [ ] 33
- [ ] 34
- [ ] 35
- [ ] 36
- [ ] 37
- [ ] 38
- [ ] 39
- [ ] 40
- [ ] 41
- [ ] 42
- [ ] 43
- [ ] 44
- [ ] 45
- [ ] 46
- [ ] 47
- [ ] 48
- [ ] 49
- [ ] 50
- [ ] 51
- [ ] 52
- [ ] 53
- [ ] 54
- [ ] 55

Manifestation Intention

1
2
3
4
5
6
7
8
9
10
11
12
13
14
15
16
17
18
19
20
21
22
23
24
25

- 26
- 27
- 28
- 29
- 30
- 31
- 32
- 33
- 34
- 35
- 36
- 37
- 38
- 39
- 40
- 41
- 42
- 43
- 44
- 45
- 46
- 47
- 48
- 49
- 50
- 51
- 52
- 53
- 54
- 55

Manifestation Intention

1 _____
2 _____
3 _____
4 _____
5 _____
6 _____
7 _____
8 _____
9 _____
10 _____
11 _____
12 _____
13 _____
14 _____
15 _____
16 _____
17 _____
18 _____
19 _____
20 _____
21 _____
22 _____
23 _____
24 _____
25 _____

- 26
- 27
- 28
- 29
- 30
- 31
- 32
- 33
- 34
- 35
- 36
- 37
- 38
- 39
- 40
- 41
- 42
- 43
- 44
- 45
- 46
- 47
- 48
- 49
- 50
- 51
- 52
- 53
- 54
- 55

Manifestation Intention

☐ 1 _____

☐ 2 _____

☐ 3 _____

☐ 4 _____

☐ 5 _____

☐ 6 _____

☐ 7 _____

☐ 8 _____

☐ 9 _____

☐ 10 _____

☐ 11 _____

☐ 12 _____

☐ 13 _____

☐ 14 _____

☐ 15 _____

☐ 16 _____

☐ 17 _____

☐ 18 _____

☐ 19 _____

☐ 20 _____

☐ 21 _____

☐ 22 _____

☐ 23 _____

☐ 24 _____

☐ 25 _____

- [ ] 26
- [ ] 27
- [ ] 28
- [ ] 29
- [ ] 30
- [ ] 31
- [ ] 32
- [ ] 33
- [ ] 34
- [ ] 35
- [ ] 36
- [ ] 37
- [ ] 38
- [ ] 39
- [ ] 40
- [ ] 41
- [ ] 42
- [ ] 43
- [ ] 44
- [ ] 45
- [ ] 46
- [ ] 47
- [ ] 48
- [ ] 49
- [ ] 50
- [ ] 51
- [ ] 52
- [ ] 53
- [ ] 54
- [ ] 55

Manifestation Intention

☐ **1** _____

☐ **2** _____

☐ **3** _____

☐ **4** _____

☐ **5** _____

☐ **6** _____

☐ **7** _____

☐ **8** _____

☐ **9** _____

☐ **10** _____

☐ **11** _____

☐ **12** _____

☐ **13** _____

☐ **14** _____

☐ **15** _____

☐ **16** _____

☐ **17** _____

☐ **18** _____

☐ **19** _____

☐ **20** _____

☐ **21** _____

☐ **22** _____

☐ **23** _____

☐ **24** _____

☐ **25** _____

- [ ] 26
- [ ] 27
- [ ] 28
- [ ] 29
- [ ] 30
- [ ] 31
- [ ] 32
- [ ] 33
- [ ] 34
- [ ] 35
- [ ] 36
- [ ] 37
- [ ] 38
- [ ] 39
- [ ] 40
- [ ] 41
- [ ] 42
- [ ] 43
- [ ] 44
- [ ] 45
- [ ] 46
- [ ] 47
- [ ] 48
- [ ] 49
- [ ] 50
- [ ] 51
- [ ] 52
- [ ] 53
- [ ] 54
- [ ] 55

Date:__/__/__   Time:__:__am/pm

Manifestation Intention

☐ 1
☐ 2
☐ 3
☐ 4
☐ 5
☐ 6
☐ 7
☐ 8
☐ 9
☐ 10
☐ 11
☐ 12
☐ 13
☐ 14
☐ 15
☐ 16
☐ 17
☐ 18
☐ 19
☐ 20
☐ 21
☐ 22
☐ 23
☐ 24
☐ 25

- 26 _____
- 27 _____
- 28 _____
- 29 _____
- 30 _____
- 31 _____
- 32 _____
- 33 _____
- 34 _____
- 35 _____
- 36 _____
- 37 _____
- 38 _____
- 39 _____
- 40 _____
- 41 _____
- 42 _____
- 43 _____
- 44 _____
- 45 _____
- 46 _____
- 47 _____
- 48 _____
- 49 _____
- 50 _____
- 51 _____
- 52 _____
- 53 _____
- 54 _____
- 55 _____

Manifestation Intention

- [ ] **1**
- [ ] **2**
- [ ] **3**
- [ ] **4**
- [ ] **5**
- [ ] **6**
- [ ] **7**
- [ ] **8**
- [ ] **9**
- [ ] **10**
- [ ] **11**
- [ ] **12**
- [ ] **13**
- [ ] **14**
- [ ] **15**
- [ ] **16**
- [ ] **17**
- [ ] **18**
- [ ] **19**
- [ ] **20**
- [ ] **21**
- [ ] **22**
- [ ] **23**
- [ ] **24**
- [ ] **25**

- [ ] 26
- [ ] 27
- [ ] 28
- [ ] 29
- [ ] 30
- [ ] 31
- [ ] 32
- [ ] 33
- [ ] 34
- [ ] 35
- [ ] 36
- [ ] 37
- [ ] 38
- [ ] 39
- [ ] 40
- [ ] 41
- [ ] 42
- [ ] 43
- [ ] 44
- [ ] 45
- [ ] 46
- [ ] 47
- [ ] 48
- [ ] 49
- [ ] 50
- [ ] 51
- [ ] 52
- [ ] 53
- [ ] 54
- [ ] 55

Manifestation Intention

☐ 1 _____

☐ 2 _____

☐ 3 _____

☐ 4 _____

☐ 5 _____

☐ 6 _____

☐ 7 _____

☐ 8 _____

☐ 9 _____

☐ 10 _____

☐ 11 _____

☐ 12 _____

☐ 13 _____

☐ 14 _____

☐ 15 _____

☐ 16 _____

☐ 17 _____

☐ 18 _____

☐ 19 _____

☐ 20 _____

☐ 21 _____

☐ 22 _____

☐ 23 _____

☐ 24 _____

☐ 25 _____

- [ ] 26
- [ ] 27
- [ ] 28
- [ ] 29
- [ ] 30
- [ ] 31
- [ ] 32
- [ ] 33
- [ ] 34
- [ ] 35
- [ ] 36
- [ ] 37
- [ ] 38
- [ ] 39
- [ ] 40
- [ ] 41
- [ ] 42
- [ ] 43
- [ ] 44
- [ ] 45
- [ ] 46
- [ ] 47
- [ ] 48
- [ ] 49
- [ ] 50
- [ ] 51
- [ ] 52
- [ ] 53
- [ ] 54
- [ ] 55

Day 2 of 5 **Date:__/__/__** **Time:__:__am/pm**

Manifestation Intention

☐ 1

☐ 2

☐ 3

☐ 4

☐ 5

☐ 6

☐ 7

☐ 8

☐ 9

☐ 10

☐ 11

☐ 12

☐ 13

☐ 14

☐ 15

☐ 16

☐ 17

☐ 18

☐ 19

☐ 20

☐ 21

☐ 22

☐ 23

☐ 24

☐ 25

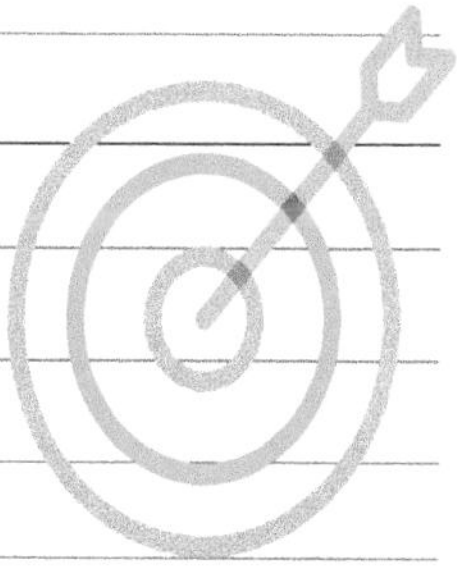

- [ ] 26
- [ ] 27
- [ ] 28
- [ ] 29
- [ ] 30
- [ ] 31
- [ ] 32
- [ ] 33
- [ ] 34
- [ ] 35
- [ ] 36
- [ ] 37
- [ ] 38
- [ ] 39
- [ ] 40
- [ ] 41
- [ ] 42
- [ ] 43
- [ ] 44
- [ ] 45
- [ ] 46
- [ ] 47
- [ ] 48
- [ ] 49
- [ ] 50
- [ ] 51
- [ ] 52
- [ ] 53
- [ ] 54
- [ ] 55

Manifestation Intention

- [ ] **1**
- [ ] **2**
- [ ] **3**
- [ ] **4**
- [ ] **5**
- [ ] **6**
- [ ] **7**
- [ ] **8**
- [ ] **9**
- [ ] **10**
- [ ] **11**
- [ ] **12**
- [ ] **13**
- [ ] **14**
- [ ] **15**
- [ ] **16**
- [ ] **17**
- [ ] **18**
- [ ] **19**
- [ ] **20**
- [ ] **21**
- [ ] **22**
- [ ] **23**
- [ ] **24**
- [ ] **25**

- [ ] 26
- [ ] 27
- [ ] 28
- [ ] 29
- [ ] 30
- [ ] 31
- [ ] 32
- [ ] 33
- [ ] 34
- [ ] 35
- [ ] 36
- [ ] 37
- [ ] 38
- [ ] 39
- [ ] 40
- [ ] 41
- [ ] 42
- [ ] 43
- [ ] 44
- [ ] 45
- [ ] 46
- [ ] 47
- [ ] 48
- [ ] 49
- [ ] 50
- [ ] 51
- [ ] 52
- [ ] 53
- [ ] 54
- [ ] 55

Manifestation Intention

- [ ] 1
- [ ] 2
- [ ] 3
- [ ] 4
- [ ] 5
- [ ] 6
- [ ] 7
- [ ] 8
- [ ] 9
- [ ] 10
- [ ] 11
- [ ] 12
- [ ] 13
- [ ] 14
- [ ] 15
- [ ] 16
- [ ] 17
- [ ] 18
- [ ] 19
- [ ] 20
- [ ] 21
- [ ] 22
- [ ] 23
- [ ] 24
- [ ] 25

- 26
- 27
- 28
- 29
- 30
- 31
- 32
- 33
- 34
- 35
- 36
- 37
- 38
- 39
- 40
- 41
- 42
- 43
- 44
- 45
- 46
- 47
- 48
- 49
- 50
- 51
- 52
- 53
- 54
- 55

Date:__/__/__   Time:__:__am/pm

Manifestation Intention

- [ ] 1 _____
- [ ] 2 _____
- [ ] 3 _____
- [ ] 4 _____
- [ ] 5 _____
- [ ] 6 _____
- [ ] 7 _____
- [ ] 8 _____
- [ ] 9 _____
- [ ] 10 _____
- [ ] 11 _____
- [ ] 12 _____
- [ ] 13 _____
- [ ] 14 _____
- [ ] 15 _____
- [ ] 16 _____
- [ ] 17 _____
- [ ] 18 _____
- [ ] 19 _____
- [ ] 20 _____
- [ ] 21 _____
- [ ] 22 _____
- [ ] 23 _____
- [ ] 24 _____
- [ ] 25 _____

- 26 _____
- 27 _____
- 28 _____
- 29 _____
- 30 _____
- 31 _____
- 32 _____
- 33 _____
- 34 _____
- 35 _____
- 36 _____
- 37 _____
- 38 _____
- 39 _____
- 40 _____
- 41 _____
- 42 _____
- 43 _____
- 44 _____
- 45 _____
- 46 _____
- 47 _____
- 48 _____
- 49 _____
- 50 _____
- 51 _____
- 52 _____
- 53 _____
- 54 _____
- 55 _____

Manifestation Intention

☐ **1** _____

☐ **2** _____

☐ **3** _____

☐ **4** _____

☐ **5** _____

☐ **6** _____

☐ **7** _____

☐ **8** _____

☐ **9** _____

☐ **10** _____

☐ **11** _____

☐ **12** _____

☐ **13** _____

☐ **14** _____

☐ **15** _____

☐ **16** _____

☐ **17** _____

☐ **18** _____

☐ **19** _____

☐ **20** _____

☐ **21** _____

☐ **22** _____

☐ **23** _____

☐ **24** _____

☐ **25** _____

- [ ] 26
- [ ] 27
- [ ] 28
- [ ] 29
- [ ] 30
- [ ] 31
- [ ] 32
- [ ] 33
- [ ] 34
- [ ] 35
- [ ] 36
- [ ] 37
- [ ] 38
- [ ] 39
- [ ] 40
- [ ] 41
- [ ] 42
- [ ] 43
- [ ] 44
- [ ] 45
- [ ] 46
- [ ] 47
- [ ] 48
- [ ] 49
- [ ] 50
- [ ] 51
- [ ] 52
- [ ] 53
- [ ] 54
- [ ] 55

Manifestation Intention

☐ **1** _____

☐ **2** _____

☐ **3** _____

☐ **4** _____

☐ **5** _____

☐ **6** _____

☐ **7** _____

☐ **8** _____

☐ **9** _____

☐ **10** _____

☐ **11** _____

☐ **12** _____

☐ **13** _____

☐ **14** _____

☐ **15** _____

☐ **16** _____

☐ **17** _____

☐ **18** _____

☐ **19** _____

☐ **20** _____

☐ **21** _____

☐ **22** _____

☐ **23** _____

☐ **24** _____

☐ **25** _____

- 26
- 27
- 28
- 29
- 30
- 31
- 32
- 33
- 34
- 35
- 36
- 37
- 38
- 39
- 40
- 41
- 42
- 43
- 44
- 45
- 46
- 47
- 48
- 49
- 50
- 51
- 52
- 53
- 54
- 55

Manifestation Intention

- 1
- 2
- 3
- 4
- 5
- 6
- 7
- 8
- 9
- 10
- 11
- 12
- 13
- 14
- 15
- 16
- 17
- 18
- 19
- 20
- 21
- 22
- 23
- 24
- 25

- [ ] 26
- [ ] 27
- [ ] 28
- [ ] 29
- [ ] 30
- [ ] 31
- [ ] 32
- [ ] 33
- [ ] 34
- [ ] 35
- [ ] 36
- [ ] 37
- [ ] 38
- [ ] 39
- [ ] 40
- [ ] 41
- [ ] 42
- [ ] 43
- [ ] 44
- [ ] 45
- [ ] 46
- [ ] 47
- [ ] 48
- [ ] 49
- [ ] 50
- [ ] 51
- [ ] 52
- [ ] 53
- [ ] 54
- [ ] 55

Date:__/__/__   Time:__:__am/pm

Manifestation Intention

1. _____
2. _____
3. _____
4. _____
5. _____
6. _____
7. _____
8. _____
9. _____
10. _____
11. _____
12. _____
13. _____
14. _____
15. _____
16. _____
17. _____
18. _____
19. _____
20. _____
21. _____
22. _____
23. _____
24. _____
25. _____

- [ ] 26
- [ ] 27
- [ ] 28
- [ ] 29
- [ ] 30
- [ ] 31
- [ ] 32
- [ ] 33
- [ ] 34
- [ ] 35
- [ ] 36
- [ ] 37
- [ ] 38
- [ ] 39
- [ ] 40
- [ ] 41
- [ ] 42
- [ ] 43
- [ ] 44
- [ ] 45
- [ ] 46
- [ ] 47
- [ ] 48
- [ ] 49
- [ ] 50
- [ ] 51
- [ ] 52
- [ ] 53
- [ ] 54
- [ ] 55

Day 5 of 5 Date:__/__/__ Time:__:__am/pm

Manifestation Intention

☐ 1

☐ 2

☐ 3

☐ 4

☐ 5

☐ 6

☐ 7

☐ 8

☐ 9

☐ 10

☐ 11

☐ 12

☐ 13

☐ 14

☐ 15

☐ 16

☐ 17

☐ 18

☐ 19

☐ 20

☐ 21

☐ 22

☐ 23

☐ 24

☐ 25

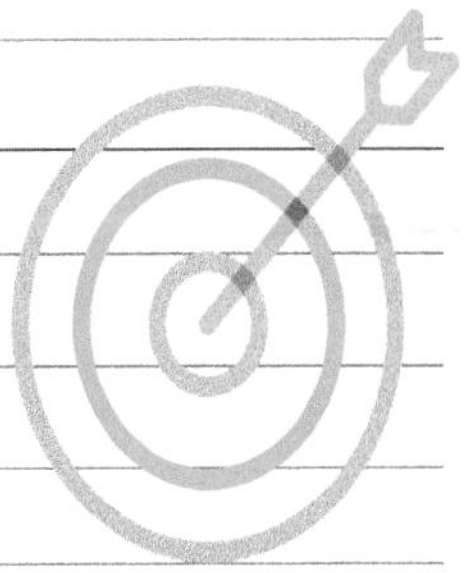

- 26
- 27
- 28
- 29
- 30
- 31
- 32
- 33
- 34
- 35
- 36
- 37
- 38
- 39
- 40
- 41
- 42
- 43
- 44
- 45
- 46
- 47
- 48
- 49
- 50
- 51
- 52
- 53
- 54
- 55

Manifestation Intention

- [ ] **1** _____
- [ ] **2** _____
- [ ] **3** _____
- [ ] **4** _____
- [ ] **5** _____
- [ ] **6** _____
- [ ] **7** _____
- [ ] **8** _____
- [ ] **9** _____
- [ ] **10** _____
- [ ] **11** _____
- [ ] **12** _____
- [ ] **13** _____
- [ ] **14** _____
- [ ] **15** _____
- [ ] **16** _____
- [ ] **17** _____
- [ ] **18** _____
- [ ] **19** _____
- [ ] **20** _____
- [ ] **21** _____
- [ ] **22** _____
- [ ] **23** _____
- [ ] **24** _____
- [ ] **25** _____

- 26
- 27
- 28
- 29
- 30
- 31
- 32
- 33
- 34
- 35
- 36
- 37
- 38
- 39
- 40
- 41
- 42
- 43
- 44
- 45
- 46
- 47
- 48
- 49
- 50
- 51
- 52
- 53
- 54
- 55

Manifestation Intention

1
2
3
4
5
6
7
8
9
10
11
12
13
14
15
16
17
18
19
20
21
22
23
24
25

- [ ] 26
- [ ] 27
- [ ] 28
- [ ] 29
- [ ] 30
- [ ] 31
- [ ] 32
- [ ] 33
- [ ] 34
- [ ] 35
- [ ] 36
- [ ] 37
- [ ] 38
- [ ] 39
- [ ] 40
- [ ] 41
- [ ] 42
- [ ] 43
- [ ] 44
- [ ] 45
- [ ] 46
- [ ] 47
- [ ] 48
- [ ] 49
- [ ] 50
- [ ] 51
- [ ] 52
- [ ] 53
- [ ] 54
- [ ] 55

Manifestation Intention

☐ **1**

☐ **2**

☐ **3**

☐ **4**

☐ **5**

☐ **6**

☐ **7**

☐ **8**

☐ **9**

☐ **10**

☐ **11**

☐ **12**

☐ **13**

☐ **14**

☐ **15**

☐ **16**

☐ **17**

☐ **18**

☐ **19**

☐ **20**

☐ **21**

☐ **22**

☐ **23**

☐ **24**

☐ **25**

- [ ] 26
- [ ] 27
- [ ] 28
- [ ] 29
- [ ] 30
- [ ] 31
- [ ] 32
- [ ] 33
- [ ] 34
- [ ] 35
- [ ] 36
- [ ] 37
- [ ] 38
- [ ] 39
- [ ] 40
- [ ] 41
- [ ] 42
- [ ] 43
- [ ] 44
- [ ] 45
- [ ] 46
- [ ] 47
- [ ] 48
- [ ] 49
- [ ] 50
- [ ] 51
- [ ] 52
- [ ] 53
- [ ] 54
- [ ] 55

Manifestation Intention

- [ ] 1
- [ ] 2
- [ ] 3
- [ ] 4
- [ ] 5
- [ ] 6
- [ ] 7
- [ ] 8
- [ ] 9
- [ ] 10
- [ ] 11
- [ ] 12
- [ ] 13
- [ ] 14
- [ ] 15
- [ ] 16
- [ ] 17
- [ ] 18
- [ ] 19
- [ ] 20
- [ ] 21
- [ ] 22
- [ ] 23
- [ ] 24
- [ ] 25

- [ ] 26
- [ ] 27
- [ ] 28
- [ ] 29
- [ ] 30
- [ ] 31
- [ ] 32
- [ ] 33
- [ ] 34
- [ ] 35
- [ ] 36
- [ ] 37
- [ ] 38
- [ ] 39
- [ ] 40
- [ ] 41
- [ ] 42
- [ ] 43
- [ ] 44
- [ ] 45
- [ ] 46
- [ ] 47
- [ ] 48
- [ ] 49
- [ ] 50
- [ ] 51
- [ ] 52
- [ ] 53
- [ ] 54
- [ ] 55

Manifestation Intention

- □ **1**
- □ **2**
- □ **3**
- □ **4**
- □ **5**
- □ **6**
- □ **7**
- □ **8**
- □ **9**
- □ **10**
- □ **11**
- □ **12**
- □ **13**
- □ **14**
- □ **15**
- □ **16**
- □ **17**
- □ **18**
- □ **19**
- □ **20**
- □ **21**
- □ **22**
- □ **23**
- □ **24**
- □ **25**

- [ ] 26
- [ ] 27
- [ ] 28
- [ ] 29
- [ ] 30
- [ ] 31
- [ ] 32
- [ ] 33
- [ ] 34
- [ ] 35
- [ ] 36
- [ ] 37
- [ ] 38
- [ ] 39
- [ ] 40
- [ ] 41
- [ ] 42
- [ ] 43
- [ ] 44
- [ ] 45
- [ ] 46
- [ ] 47
- [ ] 48
- [ ] 49
- [ ] 50
- [ ] 51
- [ ] 52
- [ ] 53
- [ ] 54
- [ ] 55

Manifestation Intention

☐ **1**

☐ **2**

☐ **3**

☐ **4**

☐ **5**

☐ **6**

☐ **7**

☐ **8**

☐ **9**

☐ **10**

☐ **11**

☐ **12**

☐ **13**

☐ **14**

☐ **15**

☐ **16**

☐ **17**

☐ **18**

☐ **19**

☐ **20**

☐ **21**

☐ **22**

☐ **23**

☐ **24**

☐ **25**

- 26
- 27
- 28
- 29
- 30
- 31
- 32
- 33
- 34
- 35
- 36
- 37
- 38
- 39
- 40
- 41
- 42
- 43
- 44
- 45
- 46
- 47
- 48
- 49
- 50
- 51
- 52
- 53
- 54
- 55

Date:__/__/__   Time:__:__am/pm

Manifestation Intention

☐ **1**

☐ **2**

☐ **3**

☐ **4**

☐ **5**

☐ **6**

☐ **7**

☐ **8**

☐ **9**

☐ **10**

☐ **11**

☐ **12**

☐ **13**

☐ **14**

☐ **15**

☐ **16**

☐ **17**

☐ **18**

☐ **19**

☐ **20**

☐ **21**

☐ **22**

☐ **23**

☐ **24**

☐ **25**

26

27

28

29

30

31

32

33

34

35

36

37

38

39

40

41

42

43

44

45

46

47

48

49

50

51

52

53

54

55

Date:__/__/__   Time:__:__am/pm

Manifestation Intention

1
2
3
4
5
6
7
8
9
10
11
12
13
14
15
16
17
18
19
20
21
22
23
24
25

- [ ] 26
- [ ] 27
- [ ] 28
- [ ] 29
- [ ] 30
- [ ] 31
- [ ] 32
- [ ] 33
- [ ] 34
- [ ] 35
- [ ] 36
- [ ] 37
- [ ] 38
- [ ] 39
- [ ] 40
- [ ] 41
- [ ] 42
- [ ] 43
- [ ] 44
- [ ] 45
- [ ] 46
- [ ] 47
- [ ] 48
- [ ] 49
- [ ] 50
- [ ] 51
- [ ] 52
- [ ] 53
- [ ] 54
- [ ] 55

Date:__/__/__   Time:__:__am/pm

Manifestation Intention

- [ ] 1 _____
- [ ] 2 _____
- [ ] 3 _____
- [ ] 4 _____
- [ ] 5 _____
- [ ] 6 _____
- [ ] 7 _____
- [ ] 8 _____
- [ ] 9 _____
- [ ] 10 _____
- [ ] 11 _____
- [ ] 12 _____
- [ ] 13 _____
- [ ] 14 _____
- [ ] 15 _____
- [ ] 16 _____
- [ ] 17 _____
- [ ] 18 _____
- [ ] 19 _____
- [ ] 20 _____
- [ ] 21 _____
- [ ] 22 _____
- [ ] 23 _____
- [ ] 24 _____
- [ ] 25 _____

- [ ] 26
- [ ] 27
- [ ] 28
- [ ] 29
- [ ] 30
- [ ] 31
- [ ] 32
- [ ] 33
- [ ] 34
- [ ] 35
- [ ] 36
- [ ] 37
- [ ] 38
- [ ] 39
- [ ] 40
- [ ] 41
- [ ] 42
- [ ] 43
- [ ] 44
- [ ] 45
- [ ] 46
- [ ] 47
- [ ] 48
- [ ] 49
- [ ] 50
- [ ] 51
- [ ] 52
- [ ] 53
- [ ] 54
- [ ] 55

Manifestation Intention

- 1
- 2
- 3
- 4
- 5
- 6
- 7
- 8
- 9
- 10
- 11
- 12
- 13
- 14
- 15
- 16
- 17
- 18
- 19
- 20
- 21
- 22
- 23
- 24
- 25

- [ ] 26
- [ ] 27
- [ ] 28
- [ ] 29
- [ ] 30
- [ ] 31
- [ ] 32
- [ ] 33
- [ ] 34
- [ ] 35
- [ ] 36
- [ ] 37
- [ ] 38
- [ ] 39
- [ ] 40
- [ ] 41
- [ ] 42
- [ ] 43
- [ ] 44
- [ ] 45
- [ ] 46
- [ ] 47
- [ ] 48
- [ ] 49
- [ ] 50
- [ ] 51
- [ ] 52
- [ ] 53
- [ ] 54
- [ ] 55

Manifestation Intention

☐ **1** _____

☐ **2** _____

☐ **3** _____

☐ **4** _____

☐ **5** _____

☐ **6** _____

☐ **7** _____

☐ **8** _____

☐ **9** _____

☐ **10** _____

☐ **11** _____

☐ **12** _____

☐ **13** _____

☐ **14** _____

☐ **15** _____

☐ **16** _____

☐ **17** _____

☐ **18** _____

☐ **19** _____

☐ **20** _____

☐ **21** _____

☐ **22** _____

☐ **23** _____

☐ **24** _____

☐ **25** _____

- [ ] 26
- [ ] 27
- [ ] 28
- [ ] 29
- [ ] 30
- [ ] 31
- [ ] 32
- [ ] 33
- [ ] 34
- [ ] 35
- [ ] 36
- [ ] 37
- [ ] 38
- [ ] 39
- [ ] 40
- [ ] 41
- [ ] 42
- [ ] 43
- [ ] 44
- [ ] 45
- [ ] 46
- [ ] 47
- [ ] 48
- [ ] 49
- [ ] 50
- [ ] 51
- [ ] 52
- [ ] 53
- [ ] 54
- [ ] 55

Manifestation Intention

☐ **1**

☐ **2**

☐ **3**

☐ **4**

☐ **5**

☐ **6**

☐ **7**

☐ **8**

☐ **9**

☐ **10**

☐ **11**

☐ **12**

☐ **13**

☐ **14**

☐ **15**

☐ **16**

☐ **17**

☐ **18**

☐ **19**

☐ **20**

☐ **21**

☐ **22**

☐ **23**

☐ **24**

☐ **25**

- [ ] 26
- [ ] 27
- [ ] 28
- [ ] 29
- [ ] 30
- [ ] 31
- [ ] 32
- [ ] 33
- [ ] 34
- [ ] 35
- [ ] 36
- [ ] 37
- [ ] 38
- [ ] 39
- [ ] 40
- [ ] 41
- [ ] 42
- [ ] 43
- [ ] 44
- [ ] 45
- [ ] 46
- [ ] 47
- [ ] 48
- [ ] 49
- [ ] 50
- [ ] 51
- [ ] 52
- [ ] 53
- [ ] 54
- [ ] 55

Manifestation Intention

1. _____
2. _____
3. _____
4. _____
5. _____
6. _____
7. _____
8. _____
9. _____
10. _____
11. _____
12. _____
13. _____
14. _____
15. _____
16. _____
17. _____
18. _____
19. _____
20. _____
21. _____
22. _____
23. _____
24. _____
25. _____

- 26 _____
- 27 _____
- 28 _____
- 29 _____
- 30 _____
- 31 _____
- 32 _____
- 33 _____
- 34 _____
- 35 _____
- 36 _____
- 37 _____
- 38 _____
- 39 _____
- 40 _____
- 41 _____
- 42 _____
- 43 _____
- 44 _____
- 45 _____
- 46 _____
- 47 _____
- 48 _____
- 49 _____
- 50 _____
- 51 _____
- 52 _____
- 53 _____
- 54 _____
- 55 _____

Manifestation Intention

☐ 1

☐ 2

☐ 3

☐ 4

☐ 5

☐ 6

☐ 7

☐ 8

☐ 9

☐ 10

☐ 11

☐ 12

☐ 13

☐ 14

☐ 15

☐ 16

☐ 17

☐ 18

☐ 19

☐ 20

☐ 21

☐ 22

☐ 23

☐ 24

☐ 25

- [ ] 26
- [ ] 27
- [ ] 28
- [ ] 29
- [ ] 30
- [ ] 31
- [ ] 32
- [ ] 33
- [ ] 34
- [ ] 35
- [ ] 36
- [ ] 37
- [ ] 38
- [ ] 39
- [ ] 40
- [ ] 41
- [ ] 42
- [ ] 43
- [ ] 44
- [ ] 45
- [ ] 46
- [ ] 47
- [ ] 48
- [ ] 49
- [ ] 50
- [ ] 51
- [ ] 52
- [ ] 53
- [ ] 54
- [ ] 55

Manifestation Intention

- ☐ 1
- ☐ 2
- ☐ 3
- ☐ 4
- ☐ 5
- ☐ 6
- ☐ 7
- ☐ 8
- ☐ 9
- ☐ 10
- ☐ 11
- ☐ 12
- ☐ 13
- ☐ 14
- ☐ 15
- ☐ 16
- ☐ 17
- ☐ 18
- ☐ 19
- ☐ 20
- ☐ 21
- ☐ 22
- ☐ 23
- ☐ 24
- ☐ 25

- [ ] 26
- [ ] 27
- [ ] 28
- [ ] 29
- [ ] 30
- [ ] 31
- [ ] 32
- [ ] 33
- [ ] 34
- [ ] 35
- [ ] 36
- [ ] 37
- [ ] 38
- [ ] 39
- [ ] 40
- [ ] 41
- [ ] 42
- [ ] 43
- [ ] 44
- [ ] 45
- [ ] 46
- [ ] 47
- [ ] 48
- [ ] 49
- [ ] 50
- [ ] 51
- [ ] 52
- [ ] 53
- [ ] 54
- [ ] 55

Manifestation Intention

- 1 _____
- 2 _____
- 3 _____
- 4 _____
- 5 _____
- 6 _____
- 7 _____
- 8 _____
- 9 _____
- 10 _____
- 11 _____
- 12 _____
- 13 _____
- 14 _____
- 15 _____
- 16 _____
- 17 _____
- 18 _____
- 19 _____
- 20 _____
- 21 _____
- 22 _____
- 23 _____
- 24 _____
- 25 _____

- [ ] 26
- [ ] 27
- [ ] 28
- [ ] 29
- [ ] 30
- [ ] 31
- [ ] 32
- [ ] 33
- [ ] 34
- [ ] 35
- [ ] 36
- [ ] 37
- [ ] 38
- [ ] 39
- [ ] 40
- [ ] 41
- [ ] 42
- [ ] 43
- [ ] 44
- [ ] 45
- [ ] 46
- [ ] 47
- [ ] 48
- [ ] 49
- [ ] 50
- [ ] 51
- [ ] 52
- [ ] 53
- [ ] 54
- [ ] 55

Manifestation Intention

1.
2.
3.
4.
5.
6.
7.
8.
9.
10.
11.
12.
13.
14.
15.
16.
17.
18.
19.
20.
21.
22.
23.
24.
25.

- [ ] 26
- [ ] 27
- [ ] 28
- [ ] 29
- [ ] 30
- [ ] 31
- [ ] 32
- [ ] 33
- [ ] 34
- [ ] 35
- [ ] 36
- [ ] 37
- [ ] 38
- [ ] 39
- [ ] 40
- [ ] 41
- [ ] 42
- [ ] 43
- [ ] 44
- [ ] 45
- [ ] 46
- [ ] 47
- [ ] 48
- [ ] 49
- [ ] 50
- [ ] 51
- [ ] 52
- [ ] 53
- [ ] 54
- [ ] 55

Date:__/__/__   Time:__:__am/pm

Manifestation Intention

☐ **1** _____

☐ **2** _____

☐ **3** _____

☐ **4** _____

☐ **5** _____

☐ **6** _____

☐ **7** _____

☐ **8** _____

☐ **9** _____

☐ **10** _____

☐ **11** _____

☐ **12** _____

☐ **13** _____

☐ **14** _____

☐ **15** _____

☐ **16** _____

☐ **17** _____

☐ **18** _____

☐ **19** _____

☐ **20** _____

☐ **21** _____

☐ **22** _____

☐ **23** _____

☐ **24** _____

☐ **25** _____

- [ ] 26
- [ ] 27
- [ ] 28
- [ ] 29
- [ ] 30
- [ ] 31
- [ ] 32
- [ ] 33
- [ ] 34
- [ ] 35
- [ ] 36
- [ ] 37
- [ ] 38
- [ ] 39
- [ ] 40
- [ ] 41
- [ ] 42
- [ ] 43
- [ ] 44
- [ ] 45
- [ ] 46
- [ ] 47
- [ ] 48
- [ ] 49
- [ ] 50
- [ ] 51
- [ ] 52
- [ ] 53
- [ ] 54
- [ ] 55

=== *Manifestation Intention* ===

☐ **1** _____
☐ **2** _____
☐ **3** _____
☐ **4** _____
☐ **5** _____
☐ **6** _____
☐ **7** _____
☐ **8** _____
☐ **9** _____
☐ **10** _____
☐ **11** _____
☐ **12** _____
☐ **13** _____
☐ **14** _____
☐ **15** _____
☐ **16** _____
☐ **17** _____
☐ **18** _____
☐ **19** _____
☐ **20** _____
☐ **21** _____
☐ **22** _____
☐ **23** _____
☐ **24** _____
☐ **25** _____

- 26
- 27
- 28
- 29
- 30
- 31
- 32
- 33
- 34
- 35
- 36
- 37
- 38
- 39
- 40
- 41
- 42
- 43
- 44
- 45
- 46
- 47
- 48
- 49
- 50
- 51
- 52
- 53
- 54
- 55

Manifestation Intention

- [ ] **1** _____
- [ ] **2** _____
- [ ] **3** _____
- [ ] **4** _____
- [ ] **5** _____
- [ ] **6** _____
- [ ] **7** _____
- [ ] **8** _____
- [ ] **9** _____
- [ ] **10** _____
- [ ] **11** _____
- [ ] **12** _____
- [ ] **13** _____
- [ ] **14** _____
- [ ] **15** _____
- [ ] **16** _____
- [ ] **17** _____
- [ ] **18** _____
- [ ] **19** _____
- [ ] **20** _____
- [ ] **21** _____
- [ ] **22** _____
- [ ] **23** _____
- [ ] **24** _____
- [ ] **25** _____

- [ ] 26
- [ ] 27
- [ ] 28
- [ ] 29
- [ ] 30
- [ ] 31
- [ ] 32
- [ ] 33
- [ ] 34
- [ ] 35
- [ ] 36
- [ ] 37
- [ ] 38
- [ ] 39
- [ ] 40
- [ ] 41
- [ ] 42
- [ ] 43
- [ ] 44
- [ ] 45
- [ ] 46
- [ ] 47
- [ ] 48
- [ ] 49
- [ ] 50
- [ ] 51
- [ ] 52
- [ ] 53
- [ ] 54
- [ ] 55

Manifestation Intention

☐ 1 _____

☐ 2 _____

☐ 3 _____

☐ 4 _____

☐ 5 _____

☐ 6 _____

☐ 7 _____

☐ 8 _____

☐ 9 _____

☐ 10 _____

☐ 11 _____

☐ 12 _____

☐ 13 _____

☐ 14 _____

☐ 15 _____

☐ 16 _____

☐ 17 _____

☐ 18 _____

☐ 19 _____

☐ 20 _____

☐ 21 _____

☐ 22 _____

☐ 23 _____

☐ 24 _____

☐ 25 _____

- [ ] 26
- [ ] 27
- [ ] 28
- [ ] 29
- [ ] 30
- [ ] 31
- [ ] 32
- [ ] 33
- [ ] 34
- [ ] 35
- [ ] 36
- [ ] 37
- [ ] 38
- [ ] 39
- [ ] 40
- [ ] 41
- [ ] 42
- [ ] 43
- [ ] 44
- [ ] 45
- [ ] 46
- [ ] 47
- [ ] 48
- [ ] 49
- [ ] 50
- [ ] 51
- [ ] 52
- [ ] 53
- [ ] 54
- [ ] 55

Manifestation Intention

☐ 1

☐ 2

☐ 3

☐ 4

☐ 5

☐ 6

☐ 7

☐ 8

☐ 9

☐ 10

☐ 11

☐ 12

☐ 13

☐ 14

☐ 15

☐ 16

☐ 17

☐ 18

☐ 19

☐ 20

☐ 21

☐ 22

☐ 23

☐ 24

☐ 25

- [ ] 26
- [ ] 27
- [ ] 28
- [ ] 29
- [ ] 30
- [ ] 31
- [ ] 32
- [ ] 33
- [ ] 34
- [ ] 35
- [ ] 36
- [ ] 37
- [ ] 38
- [ ] 39
- [ ] 40
- [ ] 41
- [ ] 42
- [ ] 43
- [ ] 44
- [ ] 45
- [ ] 46
- [ ] 47
- [ ] 48
- [ ] 49
- [ ] 50
- [ ] 51
- [ ] 52
- [ ] 53
- [ ] 54
- [ ] 55

Date:__/__/__   Time:__:__ am/pm

Manifestation Intention

- [ ] 1 _____
- [ ] 2 _____
- [ ] 3 _____
- [ ] 4 _____
- [ ] 5 _____
- [ ] 6 _____
- [ ] 7 _____
- [ ] 8 _____
- [ ] 9 _____
- [ ] 10 _____
- [ ] 11 _____
- [ ] 12 _____
- [ ] 13 _____
- [ ] 14 _____
- [ ] 15 _____
- [ ] 16 _____
- [ ] 17 _____
- [ ] 18 _____
- [ ] 19 _____
- [ ] 20 _____
- [ ] 21 _____
- [ ] 22 _____
- [ ] 23 _____
- [ ] 24 _____
- [ ] 25 _____

- [ ] 26
- [ ] 27
- [ ] 28
- [ ] 29
- [ ] 30
- [ ] 31
- [ ] 32
- [ ] 33
- [ ] 34
- [ ] 35
- [ ] 36
- [ ] 37
- [ ] 38
- [ ] 39
- [ ] 40
- [ ] 41
- [ ] 42
- [ ] 43
- [ ] 44
- [ ] 45
- [ ] 46
- [ ] 47
- [ ] 48
- [ ] 49
- [ ] 50
- [ ] 51
- [ ] 52
- [ ] 53
- [ ] 54
- [ ] 55

Manifestation Intention

☐ 1 _____

☐ 2 _____

☐ 3 _____

☐ 4 _____

☐ 5 _____

☐ 6 _____

☐ 7 _____

☐ 8 _____

☐ 9 _____

☐ 10 _____

☐ 11 _____

☐ 12 _____

☐ 13 _____

☐ 14 _____

☐ 15 _____

☐ 16 _____

☐ 17 _____

☐ 18 _____

☐ 19 _____

☐ 20 _____

☐ 21 _____

☐ 22 _____

☐ 23 _____

☐ 24 _____

☐ 25 _____

- 26
- 27
- 28
- 29
- 30
- 31
- 32
- 33
- 34
- 35
- 36
- 37
- 38
- 39
- 40
- 41
- 42
- 43
- 44
- 45
- 46
- 47
- 48
- 49
- 50
- 51
- 52
- 53
- 54
- 55

Manifestation Intention

☐ 1 _____
☐ 2 _____
☐ 3 _____
☐ 4 _____
☐ 5 _____
☐ 6 _____
☐ 7 _____
☐ 8 _____
☐ 9 _____
☐ 10 _____
☐ 11 _____
☐ 12 _____
☐ 13 _____
☐ 14 _____
☐ 15 _____
☐ 16 _____
☐ 17 _____
☐ 18 _____
☐ 19 _____
☐ 20 _____
☐ 21 _____
☐ 22 _____
☐ 23 _____
☐ 24 _____
☐ 25 _____

- 26 _____
- 27 _____
- 28 _____
- 29 _____
- 30 _____
- 31 _____
- 32 _____
- 33 _____
- 34 _____
- 35 _____
- 36 _____
- 37 _____
- 38 _____
- 39 _____
- 40 _____
- 41 _____
- 42 _____
- 43 _____
- 44 _____
- 45 _____
- 46 _____
- 47 _____
- 48 _____
- 49 _____
- 50 _____
- 51 _____
- 52 _____
- 53 _____
- 54 _____
- 55 _____

Manifestation Intention

1
2
3
4
5
6
7
8
9
10
11
12
13
14
15
16
17
18
19
20
21
22
23
24
25

- [ ] 26
- [ ] 27
- [ ] 28
- [ ] 29
- [ ] 30
- [ ] 31
- [ ] 32
- [ ] 33
- [ ] 34
- [ ] 35
- [ ] 36
- [ ] 37
- [ ] 38
- [ ] 39
- [ ] 40
- [ ] 41
- [ ] 42
- [ ] 43
- [ ] 44
- [ ] 45
- [ ] 46
- [ ] 47
- [ ] 48
- [ ] 49
- [ ] 50
- [ ] 51
- [ ] 52
- [ ] 53
- [ ] 54
- [ ] 55

Manifestation Intention

☐ **1** _____

☐ **2** _____

☐ **3** _____

☐ **4** _____

☐ **5** _____

☐ **6** _____

☐ **7** _____

☐ **8** _____

☐ **9** _____

☐ **10** _____

☐ **11** _____

☐ **12** _____

☐ **13** _____

☐ **14** _____

☐ **15** _____

☐ **16** _____

☐ **17** _____

☐ **18** _____

☐ **19** _____

☐ **20** _____

☐ **21** _____

☐ **22** _____

☐ **23** _____

☐ **24** _____

☐ **25** _____

- [ ] 26
- [ ] 27
- [ ] 28
- [ ] 29
- [ ] 30
- [ ] 31
- [ ] 32
- [ ] 33
- [ ] 34
- [ ] 35
- [ ] 36
- [ ] 37
- [ ] 38
- [ ] 39
- [ ] 40
- [ ] 41
- [ ] 42
- [ ] 43
- [ ] 44
- [ ] 45
- [ ] 46
- [ ] 47
- [ ] 48
- [ ] 49
- [ ] 50
- [ ] 51
- [ ] 52
- [ ] 53
- [ ] 54
- [ ] 55

Manifestation Intention

□ 1

□ 2

□ 3

□ 4

□ 5

□ 6

□ 7

□ 8

□ 9

□ 10

□ 11

□ 12

□ 13

□ 14

□ 15

□ 16

□ 17

□ 18

□ 19

□ 20

□ 21

□ 22

□ 23

□ 24

□ 25

- 26
- 27
- 28
- 29
- 30
- 31
- 32
- 33
- 34
- 35
- 36
- 37
- 38
- 39
- 40
- 41
- 42
- 43
- 44
- 45
- 46
- 47
- 48
- 49
- 50
- 51
- 52
- 53
- 54
- 55

Manifestation Intention

- [ ] 1
- [ ] 2
- [ ] 3
- [ ] 4
- [ ] 5
- [ ] 6
- [ ] 7
- [ ] 8
- [ ] 9
- [ ] 10
- [ ] 11
- [ ] 12
- [ ] 13
- [ ] 14
- [ ] 15
- [ ] 16
- [ ] 17
- [ ] 18
- [ ] 19
- [ ] 20
- [ ] 21
- [ ] 22
- [ ] 23
- [ ] 24
- [ ] 25

26

27

28

29

30

31

32

33

34

35

36

37

38

39

40

41

42

43

44

45

46

47

48

49

50

51

52

53

54

55

CPSIA information can be obtained
at www.ICGtesting.com
Printed in the USA
BVHW050946240123
656986BV00006B/120